distinciones a las que tan acostumbrado estaba por mi formación.

5

Todo esto, que ha venido muy poco a poco, ha sido acompañado por algunos signos tales como el progresivo amor a la naturaleza, la afición a la montaña, la cada vez más imperiosa necesidad de retirarme algunos días en soledad, la significativa disminución de la lectura –una afición que se había convertido en vicio–, el mayor cuidado de la alimentación, algunas nuevas amistades… Pero como soy un avezado explorador de mi conciencia, al percibir todos estos cambios, no resistí la tentación de tomar nota de ellos para así asistir, con una conciencia aún mayor, a la transformación de mi biografía, algo de lo que deseo dar cuenta, aunque sucintamente, en este breve ensayo de carácter testimonial.

Tengo el convencimiento de que este camino espiritual, que intento explicar en estas páginas, lo he configurado yo. No quiero decir que no me hayan orientado lecturas luminosas ni que no haya recibido consignas pertinentes por parte de algunos maestros de meditación; tampoco que no haya admirado el tesón de otros buscadores en el silencio, a cuyo lado he recorrido algún trecho. Pero, en todo caso, mi impresión es que he sido yo y solo yo quien ha caminado, guiado por mi maestro interior, hasta donde ahora me encuentro.

El mejor síntoma de que hacía mis sentadas cada vez mejor fue para mí que siempre quería hacer más sentadas. Porque cuanto más te sientas a meditar, más te quieres sentar. A veces he llegado incluso a pensar que, para el hombre, lo más natural es precisamente hacer meditación. Cierto que al principio todo me parecía más importante que meditar; pero ha llegado el momento en que sentarme y no hacer otra cosa que estar en contacto conmigo mismo, presente a mi presente, me parece lo más importante de todo. Porque normalmente vivimos dispersos, es decir, fuera de nosotros. La meditación nos concentra, nos devuelve a casa, nos enseña a convivir con nuestro ser. Sin esa convivencia con uno mismo, sin ese estar centrado en lo que realmente somos, veo muy difícil, por no decir imposible, una vida que pueda calificarse de humana y digna.

Aquí no puedo ocultar, sin embargo, que en mi vida hay todavía demasiadas búsquedas, lo que significa que aún hay también demasiada poca aceptación. Porque mucho me temo que cuando buscamos es que solemos rechazar lo que tenemos. Ahora bien, toda búsqueda auténtica acaba por remitirnos adonde estábamos. El dedo que señala termina por darse la vuelta y apuntarnos.

6

Me ha costado cuatro décadas comprender que el hombre empieza a vivir en la medida en que deja de soñar consigo mismo. Que empezamos a dar frutos cuando dejamos de construir castillos en el aire. Que no hay nada que no tenga su cepa en la realidad. Cuanto más se familiariza uno con la realidad, sea esta cual sea, mejor. Al igual que el niño que está aprendiendo a montar en bicicleta logra montar de hecho cuando se sumerge a fondo en esta actividad y, por contrapartida, se cae al suelo cuando se para a considerar lo bien o mal que lo está haciendo, así nosotros, todos, en cualquier actividad que llevemos a cabo. En cuanto comenzamos a juzgar los resultados, la magia de la vida se disipa y nos desplomamos; y ello con independencia de lo alto o bajo que haya sido nuestro vuelo. Esto es, en esencia, lo que enseña la meditación: a sumergirse en lo que estás haciendo. «Cuando como, como; cuando duermo, duermo»: dicen que fue así como un gran maestro definió el zen. Con este espíritu, no es solo que se gaste menos energía en el desarrollo de una determinada actividad, sino que hasta sale uno tonificado de ella. El ser humano tiene el potencial de auto-cargarse en la acción. Ilustraré lo que pretendo decir.

Como novelista que soy, desde muy joven he sabido qué páginas de mis libros estaban inspiradas y cuáles no. En el fondo, es muy fácil descubrirlo: las inspiradas son aquellas que he escrito olvidado de mí, sumergido en la escritura, abandonado a su suerte; las menos inspiradas, en cambio, las que he trabajado más, las que he planificado y redactado de forma más racional y menos intuitiva. Por eso creo que para escribir, como para vivir o para amar, no hay que apretar, sino soltar, no retener, sino desprenderse. La clave de casi todo está en la magnanimidad del desprendimiento. El amor, el arte y la meditación, al menos esas tres cosas, funcionan así.

Cuando digo que conviene estar sueltos o desprendidos me refiero a la importancia de confiar. Cuanta más confianza tenga un ser humano en otro,

mejor podrá amarle; cuanto más se entregue el crea-
dor a su obra, esta más le corresponderá. El amor
–como el arte o la meditación– es pura y llanamente
confianza. Y práctica, claro, porque también la confianza se ejercita.

La meditación es una disciplina para acrecen-
tar la confianza. Uno se sienta y ¿qué hace? Confía.
La meditación es una práctica de la espera. Pero
¿qué se espera realmente? Nada y todo. Si se espera-
ra algo concreto, esa espera no tendría valor, pues
estaría alentada por el deseo de algo de lo que se
carece. Por ser no utilitaria o gratuita, esa espera o
confianza se convierte en algo neta y genuinamente
espiritual.

Todos tenemos la experiencia de lo aburridas e
incómodas que suelen ser las esperas. Como arte de
la espera que es, la meditación suele ser bastante
aburrida. ¡Pues qué fe tan grande hay que tener entonces para sentarse en silencio y quietud! Exacto:
todo es cuestión de fe. Si tienes fe en sentarte a meditar, tanta más fe tendrás cuanto más te sientes con
este fin. De modo que podría decir que yo medito
para tener fe en la meditación. Al estar aparente-
mente inactivo, cuando estoy sentado comprendo
mejor que el mundo no depende de mí, y que las

cosas son como son con independencia de mi intervención. Ver esto es muy sano: coloca al ser humano en una posición más humilde, le descentra, le ofrece un espejo a su medida.

7

Para convertirme en alguien que medita, aparte de sentarme a diario uno, dos o tres periodos de unos veinte o veinticinco minutos, no tuve que hacer nada en especial. Todo consistía en ser lo que había sido hasta entonces, pero conscientemente, atentamente. Todo mi esfuerzo debía limitarse a controlar las idas y venidas de la mente, poner la imaginación a mi servicio y dejar de estar yo –como un esclavo– al suyo. Porque si somos señores de nuestras potencias, ¿por qué hemos de comportarnos entonces como siervos?

La atención me fue conduciendo al asombro. En realidad, tanto más crecemos como personas cuanto más nos dejemos asombrar por lo que sucede, es decir, cuanto más niños somos. La meditación –y eso me gusta– ayuda a recuperar la niñez perdida. Si todo lo que vivo y veo no me sorprende es porque, mientras emerge, o antes incluso de que lo haga, lo he sometido a un prejuicio o esquema mental, imposibilitando de este modo que despliegue ante mí todo su potencial.

Es muy raro, ciertamente, que pueda haber capacidad de asombro en una actividad que repetimos a diario o, incluso, varias veces al día. Por eso es preciso entrenarse. Todo se juega en la percepción, eso es lo que se descubre cuando el entrenamiento es continuado y certero. Se entiende, en fin, que solo podemos ser dichosos cuando percibimos lo real. Pondré un ejemplo.

Al terminar mi último retiro intensivo de meditación, un día completo que dedico íntegramente a esta actividad una vez al mes, me fui a caminar por la montaña y, durante unos instantes –acaso una hora–, experimenté una dicha insólita y profunda. Todo me parecía muy bello, radiante, y tuve la sensación, difícil de explicar, de que no era yo quien estaba en aquella montaña, sino que ella, la montaña, era yo. Atardecía y el cielo estaba nublado, pero a mí se me antojó que así, nublado, era perfectamente hermoso. Por las muchas sentadas que había hecho durante aquel día, la rodilla derecha me dolía un poco; pero ese dolor, extrañamente, no me molestaba.

Casi diría que me hacía cierta gracia y que lo aceptaba sin resistirme a él. Laska, mi perro, saltaba entre las peñas y correteaba de un lado para otro. Al verlo, pensé en que mi perro vive intensamente cada segundo; tras observarlo mucho, pues es un compañero fiel, he concluido que, al menos en eso, quiero parecerme a él. Me hice con un animal para avivar el animal que hay en mí, ahora lo entiendo.

Mi sensación de efervescente dicha durante aquella caminata por la montaña desapareció inadvertidamente, pero gracias a ella creo tener ahora una idea más ajustada de la felicidad a la que aspiro. En este instante, por ejemplo, estoy escribiendo junto a la chimenea de mi casa. Laska está a mis pies y oigo cómo afuera cae la lluvia: no imagino mayor plenitud. Madera para quemar, libros que leer, vino que catar y amigos con quienes compartir todo esto. No hace falta mucho más para la verdadera felicidad.

Algunos días después de aquel retiro volví a esa montaña, pero para mí ya no fue lo mismo. En verdad, era yo quien no era el mismo. No podemos rastrear la felicidad pasada, algo así es absurdo. Y de todo esto, ¿qué he concluido? Pues que la felicidad es, esencialmente, percepción. Y que si nos limitáramos a percibir, llegaríamos por fin a lo que somos.

8

Cuanto más se medita, mayor es la capacidad de percepción y más fina la sensibilidad, eso puedo asegurarlo. Se deja de vivir embotado, que es como suelen transcurrir nuestros días. La mirada se limpia y se comienza a ver el verdadero color de las cosas. El oído se afina hasta límites insospechados, y empiezas a escuchar –y en esto no hay ni un gramo de poesía– el verdadero sonido del mundo. Todo, hasta lo más prosaico, parece más brillante y sencillo. Se camina con mayor ligereza. Se sonríe con más frecuencia. La atmósfera parece llena de un no se qué, imprescindible y palpitante. ¿Suena bien? ¡Excelente! Pero confieso que yo solo lo he experimentado durante algunos segundos y solo en contadas ocasiones.

Normalmente estoy a la deriva: entre el que era antes de iniciarme en la meditación y el que empiezo a ser ahora. «A la deriva» es la expresión más exacta: a veces aquí, meditando, a veces quién sabe dónde, allá donde me hayan llevado mis incontables distracciones. Soy algo así como un barco, y más una frágil barquichuela que un sólido trasatlántico. El oleaje juega conmigo a su capricho, pero de tanto como estoy mirando cómo vienen y se van esas olas, la verdad es que estoy empezando a transformarme en el oleaje mismo y a no saber qué ha sido de mi pobre barquichuela. Hasta que, efectivamente, la encuentro: «Sí, ahí está», me digo entonces. «A la deriva». Cada vez que monto en esa barquichuela, dejo de ser yo; cada vez que me arrojo al mar, me encuentro.

9

Uno de los primeros frutos de mi práctica de meditación fue la intuición de cómo nada en este mundo permanece estable. Que todo va cambiando es algo que ya sabía antes –es obvio–, pero al meditar, comencé a experimentarlo. También nosotros cambiamos, y ello por mucho que nos empeñemos en vernos como algo permanente o duradero. Esta esencial mutabilidad del ser humano y de las cosas es –así lo veo ahora– una buena noticia.

Lo curioso es que este descubrimiento me vino por medio de la quietud. Todo sucedió como expondré a continuación: al meditar constaté cómo cuando me detenía en alguno de mis pensamientos, este se desvanecía (algo que, ciertamente, no sucedía cuando miraba a una persona, cuya consistencia es independiente de mi atención). A mi modo de entender, esto demuestra que los pensamientos son escasamente fiables mientras que las personas, por el contrario, aunque solo sea porque tienen un cuerpo, lo son en un grado bastante mayor. Decidí entonces que, en adelante, no pondría mi confianza en algo que se desvanecía con tanta facilidad. Decidí dejarme guiar por lo que permanece, puesto que solo eso es digno de mi confianza. ¿En qué confío yo? Esta es, según presiento, la gran pregunta.

Aceptar esta constante mutabilidad del mundo y de uno mismo no es tarea fácil, principalmente, porque hace inviable cualquier definición que sea cerrada. Los seres humanos solemos definirnos por contraste o por oposición, lo que es tanto como decir por separación y división. Pues es así, dividiendo, separando y oponiendo como precisamente nos alejamos de nosotros mismos. Definir a una persona y no aceptar su radical mutabilidad es como meter a un animal en una jaula. Un león enjaulado no es un león, sino un león enjaulado; y eso es muy distinto.

Desde mi presente –e intento concretar–, no puedo condenar a quien fui en el pasado por la sencilla razón de que aquel a quien ahora juzgo y repruebo es otra persona. Actuamos siempre conforme a la sabiduría que tenemos en cada momento, y si actuamos mal es porque, al menos en ese punto, había ignorancia. Es absurdo condenar la ignorancia pasada desde la sabiduría presente.

10

Cuanto más veamos nuestra radical mutabilidad y nuestra interdependencia con el mundo y los demás, y ello hasta el punto de poder decir «yo soy tú», o bien «yo soy el universo», tanto más nos acercamos a nuestra identidad más radical. Para conocerse, por tanto, no hay que dividir o separar, sino unir. Gracias a la meditación he ido descubriendo que no hay yo y mundo, sino que mundo y yo son una misma y única cosa. La consecuencia natural de semejante hallazgo –y no creo que haga falta ser un lince para adivinarlo– es la compasión hacia todo ser viviente: no quieres hacer daño a nada ni a nadie porque te das cuenta de que en primera instancia te dañarías a ti mismo si lo hicieras. El árbol no puede ser cortado impunemente, sin pedirle permiso. La tierra no puede ser sacada de un lugar para utilizarla en otro sin pagar algunos precios. Todo lo que haces a los demás seres y a la naturaleza te lo haces a ti. Mediante la meditación, se me ha ido revelando el misterio de la unidad.

Por supuesto que a bucear en el océano de la unidad no se llega sin chapotear durante largo tiempo en las charcas de la división. El agua que no corre se estanca, se pudre y huele mal; eso lo sabemos todos. Pero también se pudre y huele mal toda vida que no fluye. Nuestra vida solo es digna de este nombre si fluye, si está en movimiento. Sea por cobardía o por pereza, sin embargo, o incluso por inercia –aunque casi siempre es el miedo lo que mayormente nos paraliza–, todos tendemos a quedarnos quietos y, todavía más, a encastillarnos. Encastillarse no es solo quedarse quieto; es dificultar cualquier movimiento futuro. Buscamos trabajos que nos aseguren, matrimonios que nos aseguren, ideas firmes y claras, partidos conservadores, ritos que nos devuelvan una impresión de continuidad... Buscamos viviendas protegidas, sistemas sanitarios bien cubiertos, inversiones de mínimo riesgo, ir sobre seguro... Y es así como el río de nuestra vida va encontrando obstáculos en su curso, hasta que un día, sin previo aviso, deja de fluir. Vivimos, sí, pero muy a menudo estamos muertos. Nos hemos sobrevivido a nosotros mismos: hay bio-logía, pero no bio-grafía.

11

Gracias a mis sentadas de meditación he descubierto que todo sin excepción puede ser una aventura. Escribir una novela, cultivar una amistad, hacer un viaje… es una aventura. Pero es que también dar un paseo puede ser una aventura, y leer un cuento o prepararte la cena. En realidad, cualquier jornada, aun la más gris, es para quien sepa vivirla una aventura inconmensurable. Hacer la cama, lavar los platos, ir a la compra, sacar al perro…: todo esto –y tantos otros quehaceres comunes– son aventuras cotidianas, pero no por ello menos excitantes y hasta peligrosas. La meditación que practico apunta al carácter aventurero –que es tanto como decir insólito o milagroso– de lo ordinario.

Lo que realmente mata al hombre es la rutina; lo que le salva es la creatividad, es decir, la capacidad para vislumbrar y rescatar la novedad. Si se mira bien –y eso es en lo que educa la meditación–, todo es siempre nuevo y diferente. Absolutamente nada es ahora como hace un instante. Participar de ese cambio continuo que llamamos «vida», ser uno con él, esa es la única promesa sensata de felicidad.

Por esta razón, para meditar no importa sentirse bien o mal, contento o triste, esperanzado o desilusionado. Cualquier estado de ánimo que se tenga es el mejor estado de ánimo posible en ese momento para hacer meditación, y ello precisamente porque es el que se tiene. Gracias a la meditación se aprende a no querer ir a ningún lugar distinto a aquel en que se está; se quiere estar en el que se está, pero plenamente. Para explorarlo. Para ver lo que da de sí.

Para percatarse de que cualquier estado de ánimo, aun aquellos que nos parecen más auténticos e incuestionables, es fugaz basta verificar cómo nace y muere todo en nuestro interior con una pasmosa facilidad. Hacer meditación consiste precisamente en asistir cual espectador al nacimiento y muerte de todo esto, en el escenario de nuestra conciencia. ¿Adónde va lo que muere?, me he preguntado una y mil veces. ¿De dónde viene lo que nace en la mente? ¿Qué hay entre la muerte de algo y el nacimiento de otra cosa? Este es el espacio en el que siento que debo morar; este es el espacio del que brota la sabiduría perenne.

Por las veces en que he atisbado algo de este espacio y en que he habitado en él, aunque solo sea durante algunos segundos, puedo asegurar que la verdadera dicha es algo muy simple y que está al alcance de todos, de cualquiera. Solo hay que pararse, callar, escuchar y mirar; aunque pararse, callar, escuchar y mirar –y eso es meditar– se nos haga hoy tan difícil y hayamos tenido que inventar un método para algo tan elemental. Meditar no es difícil; lo difícil es querer meditar.

12

Ser consciente consiste en contemplar los pensamientos. La conciencia es la unidad consigo mismo. Cuando soy consciente, vuelvo a mi casa; cuando pierdo la conciencia, me alejo, quién sabe adónde. Todos los pensamientos e ideas nos alejan de nosotros mismos. Tú eres lo que queda cuando desaparecen tus pensamientos. Claro que no creo que sea posible vivir sin pensamientos de alguna clase. Porque los pensamientos –y esto no conviene olvidarlo– nunca logran calmarse del todo por mucha meditación que se haga. Siempre sobrevienen, pero se sosiega nuestro apego a los mismos y, con él, su frecuencia e intensidad.

Diría más aún: ni siquiera debe tomarse conciencia de lo que se piensa o hace, sino simplemente pensarlo o hacerlo. Tomar conciencia ya supone una brecha en lo que hacemos o pensamos. El secreto es vivir plenamente en lo que se tenga entre manos. Así que, por extraño que parezca, ejercitar la conciencia es el modo para vivir plácidamente sin ella: totalmente ahora, totalmente aquí.

13

Pese a lo que acabo de escribir, reconozco que buena parte de mis sentadas las paso soñando despierto; también reconozco que eso de soñar me resulta, en general, bastante agradable. Pero no me engaño: eso no es meditación. Parece meditación, pero no lo es. Porque no se trata de soñar despierto, sino de estar despierto. Soñar es escaparse, y para vivir no es preciso estar siempre escapándose. La dificultad radica en que nuestros sueños nos gustan mucho, en que nos emborrachamos con ellos. Vivimos ebrios de ideas e ideales, confundiendo vida y fantasía. Bajo su apariencia prosaica, la vida, cualquier vida, es mucho más hermosa e intensa que la mejor de las fantasías. Mi compañera real, por ejemplo, es mucho más hermosa que la idea maravillosa que yo pueda hacerme de ella. Mi novela real es infinitamente mejor que cualquier novela imaginada, entre otras cosas porque esa novela imaginada ni siquiera existe. Cuesta mucho aceptarlo, pero nada hay tan pernicioso como un ideal y nada tan liberador como una realidad, sea la que sea.

Lo bueno de la meditación es que, en virtud de mi ejercicio continuado, empecé a desechar de mi vida todo lo quimérico y a quedarme exclusivamente con lo concreto. Como arte que es, la meditación ama la concreción y refuta la abstracción. Quien abandona la quimera de los sueños, entra en la patria de la realidad. Y la realidad está llena de olores y texturas, de colores y sabores que son de verdad. Claro que la realidad puede ser torpe o excesiva, pero nunca defrauda. Los sueños, en cambio, sí que nos defraudan. Más aún: la naturaleza del sueño, su esencia, es precisamente la decepción. El sueño siempre se escapa: es evanescente, inasible. La realidad, por el contrario, no huye; somos nosotros quienes huimos de ella. Hacer meditación es tirarse de cabeza a la realidad y darse un baño de ser.

El amor romántico, por ejemplificar lo que afirmo, suele ser muy falso: nadie vive más engañado que un enamorado, y pocos sufren tanto como él. El amor auténtico tiene poco que ver con el enamoramiento, que hoy es el sueño por excelencia, el único mito que resta en Occidente. En el amor auténtico no se espera nada del otro; en el romántico, sí. Todavía más: el amor romántico es, esencialmente, la esperanza de que nuestra pareja nos dé la felicidad. Sobrecargamos al otro con nuestras expectativas cuando nos enamoramos. Y tales son las expectativas que cargamos sobre el ser amado que, al final, de él, o de ella, no queda ya prácticamente nada. El otro es entonces, simplemente, una excusa, una pantalla de nuestras expectativas. Por eso suele pasarse tan rápidamente del enamoramiento al odio o a la indiferencia, porque nadie puede colmar expectativas tan monstruosas.

La exaltación del amor romántico en nuestra sociedad ha causado y sigue causando insondables pozos de desdicha. La actual mitificación de la pareja es una perniciosa estupidez. Por supuesto que creo en la posibilidad del amor de pareja, pero estoy convencido de que requiere de una extraordinaria e infrecuente madurez. Ningún prójimo puede dar nunca esa seguridad radical que buscamos; no puede ni debe darla. El ser amado no está ahí para que uno no se pierda, sino para perderse juntos; para vivir en compañía la liberadora aventura de la perdición.

14

Como casi todo el mundo, también yo ando siempre persiguiendo lo que me agrada y rechazando lo que me repele. Estoy un poco harto de vivir así: atraído o repelido, corriendo en pos de algo o, por el contrario, alejándome de ello todo lo posible. Una existencia que discurre tomando y repudiando termina por resultar agotadora, y me pregunto si no sería posible vivir sin imponer a la vida nuestras preferencias o aversiones. Es a esto precisamente a lo que llama la meditación: a no imponer a la realidad mis propias filias o fobias, a permitir que esa realidad se exprese y que pueda yo contemplarla sin las gafas de mis aversiones o afinidades. Se trata de tener el receptáculo que soy cuanto más limpio mejor, de modo que el agua que se vierta en él pueda distinguirse en toda su pureza. Sería estupendo ver algo sin pretensiones, gratuitamente, sin el prisma del para mí. Es posible, hay gente que lo ha hecho. ¿Por qué yo no?

Más que uno con el mundo, lo que queremos es que el mundo se pliegue a nuestras apetencias. Nos pasamos la vida manipulando cosas y personas para que nos complazcan. Esa constante violencia, esa búsqueda insaciable que no se detiene ni tan siquiera ante el mal ajeno, esa avidez compulsiva y estructural es lo que nos destruye. No manipular, limitarse a ser lo que se ve, se oye o se toca: ahí radica la dicha de la meditación, o la dicha sin más, para qué calificarla.

Me gusta o no me gusta: es así como solemos dividir el mundo, exactamente como lo haría un niño. Esta clasificación no solo resulta egocéntrica, sino radicalmente empobrecedora y, en último término, injusta. Por difundido que esté vivir persiguiendo lo que nos agrada y rehuyendo lo que nos desagrada, semejante estilo de vida hace de la vida algo agotador. Lo que nos disgusta tiene su derecho a existir; lo que nos disgusta puede incluso convenirnos y, en este sentido, no parece inteligente escapar de ello.

Bajo una apariencia desagradable, lo que nos disgusta tiene una entraña necesaria. Por medio de la meditación se pretende entrar en esa médula y, al menos, mojarse los labios con su néctar.

15

Todo puede servir para construirse o para destruirse y, en este sentido, cualquier cosa es digna de meditación. En virtud de mi fe en la potencia sanadora del silencio, al principio creía que casi todo lo que no funcionaba en mí podría arreglarlo, antes o después, con las sentadas. Poco a poco fui percibiendo que las sentadas apuntaban a lo que no son sentadas y que, por ello, cualquier cosa que escuchase, observase o hiciese servía para cualificar mi meditación y, en definitiva, para robustecer mi carácter. Caminar estando atentos, por ejemplo, o lavarse los dientes estando atentos: percibir el fluir del agua, su refrescante contacto en las manos, el modo en que cierro el grifo, el tejido de la toalla… Cada sensación, por mínima que parezca, es digna de ser explorada. La iluminación (es decir, esa luz que ocasionalmente se enciende en nuestro interior, ayudándonos a comprender la vida) se esconde en los hechos más diminutos y puede advenir en cualquier momento y por cualquier circunstancia. Vivir bien supone estar siempre en contacto con uno mismo, algo que solo fatiga cuando se piensa intelectualmente y algo que, por contrapartida, descansa y hasta renueva cuando en efecto se lleva a cabo.

Un escritor –y pongo ejemplos que me son afines– no es solo escritor cuando crea su obra, sino siempre. Un buscador, un explorador de los abismos del interior, no lo es solo cuando se sienta a meditar, sino siempre. La calidad de la meditación se verifica en la vida misma, ese es el banco de prueba. Por eso, ninguna meditación debería juzgarse por como nos hemos sentido en ella, sino por los frutos que da. Más aún: meditación y vida deben tender a ser lo mismo. Medito para que mi vida sea meditación; vivo para que mi meditación sea vida. No aspiro a contemplar, sino a ser contemplativo, que es tanto como ser sin anhelar.

16

La meditación posibilita esos vislumbres de lo real, fugaces pero indubitables, que ocasionalmente se nos regalan: momentos en que captamos quiénes somos en realidad y para qué estamos en este mundo. Esto lo captamos en contadas ocasiones en una intuición inaprensible, no verbal. De pronto se nos hace evidente que somos así y, aunque no podamos argumentarlo, buscamos que esta intuición se repita para volver a ese ser primordial que verdaderamente somos y que, por las circunstancias, por los ruidos, ha quedado empañado o incluso olvidado. ¿Qué ha pasado para que nos hayamos perdido tanto?, me pregunto. ¿Qué ha sucedido para que ya no nos reconozcamos en lo más genuinamente humano? ¿Cómo es que desconozco lo que debería serme familiar? Preguntas y preguntas sobre el paraíso perdido. Pues bien, la respuesta a estas preguntas está en el lugar en el que nacen. Mientras el hombre tenga preguntas que hacerse, tiene todavía salvación.

Para alcanzar estos vislumbres de lo real, no merece la pena esforzarse; más que ayudar a encontrar lo que se busca, el esfuerzo tiende a dificultarlo. No conviene resistirse, sino entregarse. No empeñarse, sino vivir en el abandono. Tanto el arte como la meditación nacen siempre de la entrega; nunca del esfuerzo. Y lo mismo sucede con el amor. El esfuerzo pone en funcionamiento la voluntad y la razón; la entrega, en cambio, la libertad y la intuición. Claro que bien podríamos preguntarnos cómo puede uno entregarse sin esfuerzo. Los chinos tienen un concepto para eso: *wu wei*, hacer no haciendo. *Wu wei* consiste en ponerse en disposición para que algo pueda hacerse por mediación tuya, pero no hacerlo tú directamente, forzando su arranque, desarrollo o culminación. Lo único necesario para esa entrega es estar ahí, para captar de este modo lo que aparezca, sea lo que sea. La meditación es algo así como una rigurosa capacitación para la entrega.

De manera que no hay que inventar nada, sino recibir lo que la vida ha inventado para nosotros; y luego, eso sí, dárselo a los otros. Los grandes maestros son, y no hay aquí excepciones, grandes receptores.

17

Me gusta mucho hacer una pequeña inclinación ante el cojín o banquito sobre el que voy a sentarme a meditar, así como ante el pequeño altar que preside mi oratorio o sala de meditación. Este gesto me gusta porque con él expreso mi respeto hacia el espacio en el que, por encima de cualquier otro, trabajo en mi aventura interior. El respeto es para mí el primer signo del amor. Mediante los frecuentes *gassho* o pequeñas reverencias, típicas de la práctica budista, el zen educa en el respeto a la realidad. Y la realidad no sería respetada si, en último término, no se considerara misteriosa. La meditación ayuda a comprender que todo es un misterio y que, por ello, todo es susceptible de originar una actitud genuinamente religiosa. Para el hombre que medita –hoy lo veo así–, no hay distinción entre sagrado y profano.

Todas las postraciones características del budismo zen pueden seguramente conducir a la repetición mecánica, esto es, a vaciar el gesto de su contenido, reduciéndolo a pura forma. Esta degeneración es lo que conocemos por rutina. Pero todas esas postraciones pueden conducir también a la gran pregunta de quien se postra: ¿ante qué o ante quién me postro yo de hecho en mi vida? O, dicho de otro modo: ¿qué o quién es verdaderamente mi Dios, y cuáles son mis ídolos?

Durante la meditación puedo inclinarme reverentemente ante el banquito o el cojín, pero en mi vida ordinaria no es raro que lo haga ante mi prestigio profesional, que cuido como la más delicada de las plantas; o ante la cuenta bancaria, cuyos movimientos controlo con reveladora frecuencia; o ante el bienestar característico de una vida acomodada, por el que no reparo en gastos. Entusiasmado con mis postraciones rituales e ignorante de cómo las postraciones existenciales son las que de verdad cuentan, en la meditación he descubierto lo limitada y burda que resulta esta forma de conducirse. Yo he chapoteado mucho en ese fango –lo admito–, y ¿qué debía hacer? No juzgarme, eso resulta claro; y mucho menos censurarme. No es en absoluto necesario juzgar, basta observar; la simple observación es ya eficaz para el cambio. En verdad, la capacidad de observación, lo que Simone Weil llama atención, es la madre de todas las virtudes.

18

Ganaríamos mucho si en lugar de enjuiciar las cosas, las afrontáramos. Nuestras cábalas mentales no solo nos hacen perder un tiempo muy precioso, sino que por su causa perdemos también la ocasión para transformarnos. Porque hay cosas que si no se hacen en un determinado instante ya no pueden hacerse, o no al menos como deberían ser hechas.

Personalmente estoy convencido de que más de un ochenta por ciento de nuestra actividad mental –y es probable que me haya quedado corto en esta proporción– es totalmente irrelevante y prescindible, más aún, contraproducente. Es mucho más saludable pensar menos y fiarse más de la intuición, del primer impulso. Cuando reflexionamos solemos complicar las cosas, que suelen presentarse nítidas y claras en un primer momento. Casi ninguna reflexión mueve a la acción; la mayoría conduce a la parálisis. Es más: reflexionamos para paralizarnos, para encontrar un motivo que justifique nuestra inacción. Pensamos mucho la vida, pero la vivimos poco. Ese es mi triste balance.

Nada de esto significa que pensar sea malo; es bueno solo en su justa medida. Pensar es como dor-

mir, o comer: no debe hacerse en exceso so pena de
embrutecernos. Al igual que nos sentamos a la mesa
para comer, y no comemos de cualquier manera y a
todas horas, quizá también para pensar deberíamos
sentarnos y no hacerlo cuando al pensamiento le
convenga o se le ocurra. El pensamiento, como cualquiera actividad humana, debe ir precedido de un
acto de la voluntad. Eso es lo que lo hace humano.
Tanto más se piensa, tanto más se debe meditar: esa
es la regla. ¿Que por qué? Pues porque cuanto más
llenamos la cabeza de palabras, mayor es la necesidad que tenemos de vaciarla para volver a dejarla
limpia.

19

Todo esto es muy difícil de compartir y, posiblemente, de entender, porque en Occidente vivimos en
un mundo demasiado intelectualizado. Para hacer
frente a este intelectualismo generalizado y exacer-
bado es preciso despertar al maestro interior que
cada uno de nosotros llevamos dentro y, en fin, dejarle hablar. Digo esto porque en el fondo todos somos mucho más sabios de lo que creemos y porque

en ese fondo todos sabemos bien qué es lo que se espera de nosotros y qué debemos hacer. El maestro interior no dice nada que no sepamos; nos recuerda lo que ya sabemos, nos pone ante la evidencia para que sonriamos. A decir verdad, sobran todos los maestros del mundo: cada cual es ya un cosmos entero de conocimiento y sabiduría.

Esa sonrisa a la que acabo de apuntar, indulgente y benévola, es infinitamente más eficaz, de cara a la propia transformación, que cualquier censura o reprimenda. El niño a quien una y otra vez se descubre en su travesura, terminará por dejar de cometerla. Los malos hábitos se derrocan en la meditación por pura observación y mediante una amable sonrisa. Mirar y sonreír, esa es la clave para la transformación.

Sonreír al sufrimiento puede parecer excesivo. Pero lo cierto es que también la tristeza y la desgracia están ahí para nuestro crecimiento. El mal debe aceptarse, lo que significa ser capaces de ver su lado bueno y, en definitiva, agradecerlo. Sabemos que hemos aceptado un sufrimiento cuando hemos extraído algún bien de él y, en consecuencia, hemos dado las gracias por haberlo padecido. No estoy diciendo que sonreír ante la adversidad sea lo más espontáneo; pero es sin duda lo más inteligente y sensato. Y diré por qué. Reaccionar ante el dolor con animadversión es la manera de convertirlo en sufrimiento. Sonreír ante él, en cambio, es la forma de neutralizar su veneno. Nadie va a discutir que el dolor resulta desagradable, pero aceptar lo desagradable y entregarse a ello sin resistencia es el modo para que resulte menos desagradable. Lo que nos hace sufrir son nuestras resistencias a la realidad.

20

A cada instante tengo un dilema que resolver: o estoy aquí, donde de hecho estoy, o me voy a otra parte. Siempre estoy deseando quedarme conmigo o partir y alejarme de mí. Desde que hago meditación, elijo más veces permanecer en casa, no huir. Perder la conciencia y viajar quién sabe adónde tendrían que resultarme mucho más fatigoso que mantenerme alerta; pero para mí no es así todavía: la atención me parece un trabajo, y la distracción, en cambio, un descanso. Todas estas resistencias por mi parte son absurdas y tienen una causa muy clara:

la necia creencia de que, perdiendo mis fantasmas, terminaré por perderme yo. Pero mis fantasmas no soy yo; ellos son precisamente lo menos yo mismo que hay en mí.

Este descubrimiento me ha llevado años de práctica de meditación. Pero hoy sé, y lo digo con tanto orgullo como humildad, que conectar con el propio dolor y con el dolor del mundo es la única forma, demostrable, para derrocar al principal de los ídolos, que no es otro que el bienestar. Para lograr tal conexión con el dolor es preciso hacer exactamente lo contrario a lo que nos han enseñado: no correr, sino parar; no esforzarse, sino abandonarse; no proponerse metas, sino simplemente estar ahí.

Tras todo lo dicho, bien cabe afirmar que el dolor es nuestro principal maestro. La lección de la realidad –que es la única digna de ser escuchada– no la aprendemos sin dolor. La meditación no tiene para mí nada que ver con un hipotético estado de placidez, como hay tantos que la entienden. Más bien se trata de un dejarse trabajar por el dolor, de un lidiar pacíficamente con él. La meditación es, por ello, el arte de la rendición. En el combate que supone toda sentada, vence quien se rinde a la realidad. Si en el mundo se nos enseña a cerrarnos al dolor, en la meditación se enseña a abrirnos a él. La meditación es una escuela de apertura a la realidad.

Por lo que acabo de escribir, no es de extrañar que la meditación silenciosa y en quietud haya sido acusada de sofisticado masoquismo; y es que se llega a un punto en que uno desea sentarse a diario con la propia porción de dolor: frecuentarlo, conocerlo, domesticarlo... Sin dejar de ser tal, el dolor va cambiando de signo conforme se lo frecuenta. Y es así como se aprende a estar con uno mismo.

21

Resulta curioso constatar cómo aquello que debería ser lo más elemental es para muchos de nosotros, de hecho, tan costoso. Lo que urge aprender es que no somos dioses, que no podemos –ni debemos– someter la vida a nuestros caprichos; que no es el mundo quien debe ajustarse a nuestros deseos, sino nuestros deseos a las posibilidades que ofrece el mundo. Por todo ello, la meditación es una escuela de iniciación a la vida adulta: un despertar a lo que somos.

A los seres humanos nos caracteriza un desmedido afán por poseer cosas, ideas, personas… ¡Somos insaciables! Cuanto menos somos, más queremos tener. La meditación enseña, en cambio, que cuando no se tiene nada, se dan más oportunidades al ser. Es en la nada donde el ser brilla en todo su esplendor. Por eso, conviene dejar de una vez por todas de desear cosas y de acumularlas; conviene comenzar a abrir los regalos que la vida nos hace para, acto seguido, simplemente disfrutarlos. La meditación apacigua la máquina del deseo y estimula a gozar de lo que se tiene. Porque todo, cualquier cosa, está ahí para nuestro crecimiento y regocijo. Tanto más deseemos y acumulemos, tanto más nos alejamos de la fuente de la dicha. ¡Párate! ¡Mira!, eso es lo que escucho en la meditación. Y si secundo estos imperativos y, efectivamente, me paro y miro, ¡ah!, entonces surge el milagro.

Casi nunca nos damos cuenta de que el problema que nos preocupa no suele ser nuestro problema real. Tras el problema aparente está siempre el problema auténtico, palpitante, intacto. Las soluciones que damos a los problemas aparentes son siempre completamente inútiles, puesto que son también aparentes. Es así como vamos de falsos problemas en falsos problemas, y de falsas soluciones en falsas soluciones. Destruimos la punta del iceberg y creemos que nos hemos liberado del iceberg entero. ¿Quieres conocer tu iceberg?, esa es la pregunta más interesante. No es difícil: basta dejar de revolverse entre las olas y ponerse a bucear. Basta tomar aire y meter la cabeza bajo el agua. Una vez ahí, basta abrir los ojos y mirar.

Por grande que sea nuestro iceberg, cualquier iceberg, es solo agua. Basta una fuente de calor lo suficientemente potente para que se vaya deshaciendo. El hielo siempre se deshace al calor. Tardará mucho tiempo si el iceberg es voluminoso, pero se deshará si mantenemos activa y cercana esa fuente de calor. Lo único que hace falta es cierta curiosidad por conocer el propio iceberg. Cuanto más se observa uno a sí mismo, más se desmorona lo que creemos ser y menos sabemos quiénes somos. Hay que mantenerse en esa ignorancia, soportarla, hacerse amigo de ella, aceptar que estamos perdidos y que hemos estado vagando sin rumbo. Posiblemente hemos perdido el tiempo, la vida incluso, pero esas pérdidas nos han conducido hasta donde ahora estamos, a punto de sentarnos a meditar. Hacer meditación es colocarse justamente en ese preciso instante: has sido un vagabundo, pero puedes convertirte en un peregrino. ¿Quieres?

22

Despertar es descubrir que estamos en una cárcel. Pero despertar es también descubrir que esa cárcel no tiene barrotes y que, en rigor, no es propiamente una cárcel. ¿Por qué he vivido encerrado en una cárcel que no es tal?, comenzamos entonces a preguntarnos. Y vamos a la puerta. Y salimos. Hacer meditación es ese momento en el que salimos. Es descubrir que la puerta nunca ha estado cerrada, que eres tú quien la ha cerrado con doble vuelta de llave. Esa puerta no es tal, te la has inventado. «La puerta sin puerta» es una expresión típicamente zen que me hace pensar en que buena parte de lo que vivimos es puramente ilusorio: el amor sin amor, la amistad sin amistad, el arte sin arte, la religión sin religión...

De modo que deja ya de mirar esa puerta que has creado, levántate y ábrela. Mejor aún: levántate y date cuenta de que ahí nunca ha habido puerta alguna. En buena medida podemos hacer lo que queremos y, si no lo hacemos, es precisamente porque no entendemos o no queremos entender algo tan elemental.

Conviene estudiar muy despacio el material del que están hechos los barrotes con los que construimos nuestras cárceles. Y hay que estudiar también el proceso por el que se construyen esos barrotes. Es así, por medio de este estudio, como se posibilita ese chispazo o intuición gracias a la que uno se libera. Para vivir en la realidad, debemos demoler los sueños que nos han encarcelado. Nuestros sueños no son por lo general verdaderamente nuestros: los tomamos prestados, los fabricamos con un material poco fiable. Investiguemos o no en nuestras vidas, casi todos los sueños terminarán por desmoronarse precisamente porque no son nuestros.

23

En realidad, no hay ningún problema en absoluto. No tenemos –ni mucho menos somos– un problema. Los problemas nos gustan porque nos dan la impresión de que gracias a ellos podremos ser. El verdadero problema son nuestros falsos problemas. Podemos ser dichosos; en el fondo, no podemos por menos de serlo. Hemos creído que nuestros problemas éramos nosotros, por eso nos cuesta tanto abandonarlos. Tememos perdernos, pero es que debemos perdernos. Cuando no nos agarramos a nada, volamos.

Todo problema no es a fin de cuentas más que una idea que yo tengo sobre determinadas situaciones. La situación –sea cual sea– no es el problema, sino que el problema es mi idea sobre la misma. En cuanto abandono la idea, el problema desaparece. Basta no tener ideas sobre las cosas o situaciones para vivir completamente dichoso. La fórmula es tomar las cosas como son, no como nos gustaría que fueran. No hay que nadar en contra de la corriente de la vida, sino a su favor. Ni siquiera hay que nadar. Basta abrirse de brazos y dejarse llevar. Cualquier orilla a la que esa corriente te lleve es buena para ti: eso es la fe. Tú eres tu principal obstáculo. Deja ya de obstaculizarte. Quítate de en medio todo lo que puedas y, sencillamente, empezarás a descubrir el mundo.

24

Si por un momento considerásemos que todas las dificultades que nos toca atravesar en esta etapa de nuestra vida son oportunidades que el destino –ese amigo– nos ofrece para crecer, ¿no se vería entonces todo de otra forma? Ese colega que ha hablado mal de ti, por ejemplo; o ese trabajo pendiente que debía estar listo desde hace ya meses; o esa cita con el médico que pospones una y otra vez... No sería raro que te identificaras con alguno de estos ejemplos: los seres humanos nos parecemos, todos sufrimos por lo mismo. Pues todo esto, que en primera instancia se revela como problema, a la luz de la meditación comienza a verse como una oportunidad. A ese colega maldiciente ha llegado la hora de ponerle en su sitio; esa tarea pendiente ha resultado mucho más llevadera de lo que imaginabas; el médico te ha descubierto otra enfermedad que ahora puedes prevenir... En pocas palabras, los grandes escollos de la vida son lo que mayormente nos hacen crecer. ¡Deberíamos estar agradecidos por tener tantos conflictos!

Podemos tomar lo que la vida nos ofrece como obstáculos, pero es más razonable, más saludable, tomarlo como oportunidades para avanzar. En cuanto damos la bienvenida al sufrimiento, este se desvanece, pierde su veneno y se convierte en algo mucho más puro, más inocuo y, al tiempo, más intenso. Es siempre más inteligente afrontar directamente un problema o un peligro que esconderse o huir de él. Si en nuestra vida hay algo que asoma la cabeza, sea lo que sea, lo mejor es ponerle cara lo antes posible, para saber con quién o qué tenemos que vérnoslas.

Siempre pensamos que el problema está fuera: la culpa la tiene mi jefe, mi pareja, la situación económica del país… Atribuimos nuestra falta de fe a la mediocridad de los representantes religiosos; el mal funcionamiento de nuestro barrio o ciudad al egoísmo y charlatanería de los políticos; el fracaso de nuestro matrimonio a una tercera persona que se interpuso en nuestro camino… Es increíble la habilidad que tenemos para culpar a nuestro trabajo de nuestra falta de creatividad, a nuestros padres de un mal rasgo de carácter, a nuestros hijos de nuestra renuncia a toda aspiración personal. A ese dedo que apunta a los demás, la meditación le da la vuelta hasta que nos apunta a nosotros. Ese dedo acusador resulta incómodo, reconozcámoslo. Pero lo cierto es que todo, absolutamente todo, depende en una medida enorme de nosotros. Por eso la meditación de la que aquí estoy escribiendo, en la medida en que se profundiza, exige cada vez una mayor madurez, es decir, capacidad de asumir las propias responsabilidades. Iniciarse en la meditación supone haber llegado a un punto en el que ya no te consientes apuntar a las circunstancias o culpar a los demás. Cuando estés en ese punto es cuando debes sentarte a meditar.

25

Es maravilloso constatar cómo conseguimos grandes cambios en la quietud más absoluta. Porque no es solo que el silencio sea curativo, también lo es la quietud. Ante todo hay que decir que el silencio en quietud es muy diferente al silencio en movimiento. Está demostrado científicamente que los ojos que no se mueven propician en el sujeto una concentración mayor que si se tienen en movimiento. Al moverse es muy fácil, casi inevitable, estar fuera de nosotros. La quietud, por contrapartida, invita a la interiorización. Es necesario pasar por la quietud para adiestrarse en el dominio de sí, sin el que no puede hablarse de verdadera libertad.

Esta tarea nos resulta tan ardua a causa de la exaltada y desproporcionada imagen que solemos tener de nosotros mismos. La inmadurez o el infantilismo de algunos adultos no son más que pérdida del sentido de la proporción. En la meditación colocamos cada cosa en su sitio y descubrimos cuál es nuestro lugar: un lugar que, seguramente, se desdeñó y tachó de despreciable antes de la práctica del silencio en quietud; pero un lugar también que, una vez visitado, ya no se quiere abandonar.

Esa vulnerabilidad que nos caracteriza a los humanos, y que yo tanto me esforcé por esconder al mundo antes de empezar a meditar, comencé a mostrarla discretamente desde que descubrí el poder de la meditación. Esta pudorosa exposición de mis flaquezas se ha revelado como un modo muy eficaz para hacer frente al culto a la propia imagen en que había vivido hasta entonces. Hablar de la propia vulnerabilidad, mostrarla, es la única forma que consiente que los demás nos conozcan verdaderamente y, en consecuencia, que puedan querernos.

De un modo u otro, al meditar se trabaja con el material de la propia vulnerabilidad. Y uno siempre tiene la impresión de estar comenzando desde cero: la propia casa no parece construirse nunca;

cree uno estar permanentemente reforzando los cimientos. En la meditación no hay, al menos en apariencia, un desplazamiento significativo de un lugar a otro; hay más bien una suerte de instalación en un no-lugar. Ese no-lugar es el ahora, el instante es la instancia.

26

El poderoso atractivo que ejerce en los humanos la sexualidad se cifra, precisamente, en el poder del ahora. Los amantes más consumados están uno en el otro en ese presente eterno en que sus cuerpos y almas se entregan. La experiencia erótica puede ser tan intensa que no permite fugas al pasado ni al futuro: ese es su encanto, su atractivo. Como también ese es el encanto de la auténtica meditación y de cualquier actividad que se realice de forma totalmente entregada.

Cuando nos entregamos completamente a lo que hacemos, nada nos resulta gravoso y todo nos parece ligero. El gravamen se deja sentir cuando la entrega cede. Cualquier actividad realizada concentradamente es fuente de una dicha indescriptible.

La creación artística, por ejemplo, es buena si produce alegría. En este sentido, no es en absoluto cierto que haya que esforzarse o disciplinarse para escribir un libro. El libro se escribe solo, el cuadro se pinta solo, y el escritor o el pintor están ahí, ante su lienzo o cuaderno en blanco, mientras esto sucede. La virtud del escritor radica únicamente en estar ahí cuando el libro se escribe, eso es todo.

27

Tras mucho pensarlo, he concluido que lo que más me gusta de meditar es que resulta un espacio –un tiempo– no dramático. A quien no medita le gusta, por lo general, vivir con emociones; a quien medita, en cambio, sin ellas. Al meditar se descubre que a la vida no hay que añadirle nada para que sea vida y, todavía más, que todo lo que le añadimos la desvitaliza.

Lamentablemente, todos solemos estar demasiado enamorados del drama. En cuanto nos percibimos como seres no dramáticos, ¡nos aburrimos de nosotros mismos! Nos inventamos los problemas y las dificultades para sazonar nuestra biografía, que sin esas trabas nos parece plana y gris. Descubrir que uno no puede realizar determinada tarea, por ejemplo, no tiene por qué ser un problema; puede ser una liberación. La convalecencia que comporta una enfermedad bien puede ser vivida como una merecida temporada de vacación. La ruptura de un matrimonio puede ser el primer paso para un matrimonio mejor. Dicho más sencillamente: la amargura o dulzura de la que hagamos gala no depende de la realidad –el matrimonio, la tarea o la enfermedad–, sino de nosotros, solo de nosotros. Gracias a la meditación he descubierto que ninguna carga es mía si no me la echo a los hombros.

28

Hay gente que no consigue realizar nada de lo que acabo de exponer ni aun cuando se lo propone. Otros, en cambio, lo llevan a cabo con extrema facilidad. En la meditación no hay facilidad o dificultad objetivas; todo depende de las resistencias de cada cual. Meditar es, fundamentalmente, sentarse en silencio, y sentarse en silencio es, fundamentalmente, observar los movimientos de la propia mente.

Observar la mente es el camino. ¿Por qué? Porque mientras se observa, la mente no piensa. Así que fortalecer al observador es el modo para acabar con la tiranía de la mente, que es la que marca la distancia entre el mundo y yo.

Además de observar la mente, hay otro camino: hacerse uno con la respiración en primer lugar y, después, hacerse uno con lo que se llama *koan*. Un *koan* es una suerte de acertijo con el que los monjes budistas trabajan durante su meditación, pero no de cara a resolverlo, sino a disolverse en él. A mí me gusta decir que un *koan* es algo así como una luz en el camino, un mojón gracias al cual sabes dónde estás y adónde te diriges. El caso es que ya sea por el camino del vaciamiento al que conduce la pura observación, ya sea por el del estrechamiento al que lleva el trabajo con el *koan*, se va llegando a la unión con el propio ser o, lo que es igual, a los esponsales con uno mismo.

Sentándome y observándome he posibilitado esos chispazos o intuiciones que me han descubierto quién soy mucho más que reflexionando sobre mi personalidad por la trillada vía del análisis. Cuando me siento y me observo, no pasa por lo general mucho tiempo hasta que me descubro en otro lugar:

me he escapado de mí y debo regresar. Al cabo, me vuelvo a descubrir fuera, generalmente fantaseando –soy un tipo muy fantasioso–; o elucubrando –soy también bastante especulativo–; o preocupado por algo que me acecha en el futuro –como a casi todos los seres humanos, me angustian algunas cosas–. Yo medito exactamente como vivo: con miedos, con imágenes, con conceptos... Habrá quien medite y vea sobre todo su pasado: serán los nostálgicos; o quien medite y más que nada vea a su pareja: serán los enamorados; o quien sea víctima de un montón de estímulos sin orden ni concierto: los dispersos. Nadie se sienta a meditar con lo que no es.

Pero no basta sentarse en silencio, hay que observar lo que sucede dentro: esas son las reglas del juego. Cuanto más observas, más aceptas: es una ley matemática, aunque familiarizarte con ella podrá costar más o menos. Al sentarse en silencio se obtiene un espejo de la propia vida y, al tiempo, un modo para mejorarla. La observación, la contemplación, es efectiva. Mirar algo no lo cambia, pero nos cambia a nosotros. El cambio es, por tanto, el mejor baremo de la vitalidad de una vida. Pero el cambio, y esto es lo capital, puede vivirse de forma no dramática.

29

Es habitual que prolonguemos y agrandemos nuestros sentimientos para sentir que estamos vivos, que nos pasan cosas y que nuestra vida es digna de contarse. Por supuesto que la vida es siempre una interpelación y que todos somos tocados por ella; pero ¿cuántas de nuestras reacciones son auténticas reacciones a la interpelación de la vida y cuántas, en cambio, son simples decisiones mentales que han tomado la interpelación como excusa, pero que la han dejado, definitivamente, muy atrás? En mi opinión, nos inventamos nuestros estados de ánimo en una gran medida. Somos responsables de nuestro estar bien o mal. Esas prolongaciones artificiales de las emociones pueden controlarse y hasta abortarse gracias a la meditación, cuyo propósito real, tal y como yo lo entiendo, es enseñar a vivir la vida real, no la ficticia.

¿Las emociones? No son más que la combinación de determinadas sensaciones corporales con determinados pensamientos. ¿El estado anímico? Una emoción más o menos prolongada. Las emociones y estados anímicos tienen su propio funcionamiento, pero, si nos lo proponemos, nosotros somos infinitamente más poderosos que ellos. Podemos no secundar una emoción; podemos hacer frente a un estado de ánimo. Podemos crear el estado de ánimo que deseemos. Podemos escoger qué papel representar en la función o, incluso, no representar ninguno y asistir a ella cual espectadores. La función puede continuar y nosotros marcharnos, o terminar y nosotros quedarnos. El potencial de nuestra soberanía es sobrecogedor.

30

Desde esta perspectiva podría definir la meditación como el método espiritual (y cuando digo «espiritual» me refiero a búsqueda interior) para desenmascarar las falsas ilusiones. Buena parte de nuestra energía la derrochamos en expectativas ilusorias: fantasmas que se desvanecen en cuanto los tocamos. Lo ilusorio es siempre producto de la mente, a la que gusta distraer al hombre con engaños, llevarle a un campo de batalla donde no hay guerreros, solo humo, y aturdirlo hasta dejarle sin capacidad de reacción.

Quienes nos dedicamos a la literatura tenemos muy claro que lo que brota de la mente está muerto y que vive, en cambio, lo que brota de un fondo misterioso al que, a falta de un nombre mejor, llamaré yo auténtico. Este fondo misterioso –el yo auténtico, no el pequeño yo– es el espacio que se intenta frecuentar durante la meditación. Ese fondo misterioso es como un escenario vacío. Justo porque está vacío, las cosas que entran en él pueden distinguirse. Meditar es apartar de ese escenario las marionetas que se descubren ilusorias para poder distinguir lo que ahí llegue a irrumpir. Entre tantas marionetas ilusorias, habitualmente no distinguimos qué es real. Por eso, la tarea de quien se sienta a meditar es, fundamentalmente, de limpieza interior. Nos asusta el escenario vacío; nos da la impresión de que nos aburriremos en esa desolación. Pero ese vacío es nuestra identidad más radical, pues no es otra cosa que pura capacidad de acogida.

31

He llegado a estas convicciones mediante la única pregunta necesaria: ¿quién soy yo? Al intentar responder, me percaté de que cualquier atributo que pusiera a ese «yo soy», cualquiera, pasaba a ser, bien mirado, escandalosamente falso. Porque yo podía decir, por ejemplo, «soy Pablo d'Ors»; pero lo cierto es que también sería quien soy si sustituyera mi nombre por otro. De igual modo, podía decir «soy escritor»; pero, entonces, ¿significaría eso que yo no sería quien de hecho soy si no escribiera? O, «soy cristiano», en cuyo caso, ¿dejaría de ser yo mismo si renegase de mi fe? Cualquier atributo que se ponga al yo, aun el más sublime, resulta radicalmente insuficiente. La mejor definición de mí a la que hasta ahora he llegado es «yo soy». Simplemente. Hacer meditación es recrearse y holgar en este «yo soy».

Esta holganza o recreación, si procede por los cauces oportunos, produce el mejor de los propósitos posibles: aliviar el sufrimiento del mundo. Uno se sienta a meditar con sus miserias para, gracias a un proceso de expiación interna, llegar a ese «yo soy». Y uno se sienta con el «yo soy» para alimentar la compasión. Pero no es sencillo llegar a este punto, puesto que nunca terminamos de purgar.

Todo el mundo parece sediento de alguna cosa, y casi todos van corriendo de aquí para allá buscando encontrarla y saciarse con ella. En la meditación se reconoce que yo soy sed, no solamente que tengo sed; y se procura acabar con esas locas carreras o, al menos, ralentizar el paso. El agua está en la sed. Es preciso entrar en el propio pozo. Esta profundización nada tiene que ver con la técnica psicoanalítica del recuerdo, ni con la llamada composición de lugar, un método tan querido por la tradición ignaciana. ¿Qué entonces?

32

Entrar en el propio pozo supone vivir un largo proceso de decepción, y ello porque todo sin excepción, una vez conseguido, nos decepciona de un modo u otro. Nos decepciona la obra de arte que creamos, por intenso que haya podido ser el proceso de creación o hermoso el resultado final. Nos decepciona la mujer o el hombre con quien nos casamos, porque al final no resultó ser como creímos. Nos decepciona la casa que hemos construido, las vacaciones que proyectamos, el hijo que tuvimos y que no se ajusta a lo que esperábamos de él. Nos decepciona, en fin, la comunidad en la que vivimos, el Dios en quien creemos, que no atiende a nuestros reclamos, y hasta nosotros mismos, que tan prometedores éramos en nuestra juventud y que, bien mirado, tan poco hemos logrado llevar a término. Todo esto, y tantas otras cosas más, nos decepciona porque no se ajusta a la idea que nos habíamos hecho. El problema radica, por tanto, en esa idea que nos habíamos hecho. Lo que decepciona, en consecuencia, son las ideas. El descubrimiento de la desilusión es nuestro principal maestro. Todo lo que me desilusiona es mi amigo.

Cuando dejas de esperar que tu pareja se ajuste al patrón o idea que te has hecho de ella, dejas de sufrir por su causa. Cuando dejas de esperar que la obra que estás realizando se ajuste al patrón o idea que te has hecho de ella, dejas de sufrir por este motivo. La vida se nos va en el esfuerzo por ajustarla a nuestras ideas y apetencias. Y esto sucede incluso después de una prolongada práctica de meditación.

No hay que dar falsas esperanzas a nadie; es un flaco favor. Hay que entrar en la raíz de la desilusión, que no es otra que la perniciosa fabricación de una ilusión. La mejor ayuda que podemos prestarle a alguien es acompañarle en el proceso de desilusión que todo el mundo sufre de una manera u otra y casi constantemente. Ayudar a alguien es hacerle ver que sus esfuerzos están seguramente desencaminados. Decirle: «Sufres porque te das de bruces contra un muro. Pero te das contra un muro porque no es por ahí por donde debes pasar». No deberíamos chocar contra la mayoría de los muros contra los que de hecho chocamos. Esos muros no deberían estar ahí, no deberíamos haberlos construido.

33

Siempre estamos buscando soluciones. Nunca aprendemos que no hay solución. Nuestras soluciones son solo parches, y así vamos por la vida: de parche en parche. Pero si no hay solución, en buena lógica es que tampoco hay problema. O que el problema y la solución son la misma y única cosa. Por eso, lo mejor que se puede hacer cuando se tiene un problema es vivirlo.

Nos batimos en duelos que no son los nuestros. Naufragamos en mares por los que nunca deberíamos haber navegado. Vivimos vidas que no son las nuestras, y por eso morimos desconcertados. Lo triste no es morir, sino hacerlo sin haber vivido. Quien verdaderamente ha vivido, siempre está dispuesto a morir; sabe que ha cumplido su misión.

Todas nuestras ideas deben morir, para que por fin reine la vida. Y todas quiere decir todas, también la idea que podamos habernos hecho de la meditación. Yo, por ejemplo, empecé a meditar para mejorar mi vida; ahora medito sencillamente para vivirla. Si lo pienso bien, nunca vivo tanto como cuando me siento a meditar. Porque no es que viva más cuando medito, pero sí más conscientemente, y la conciencia –como ya he dicho– no es otra cosa que el contacto con uno mismo.

Así que meditar es para mí estar conmigo, mientras que cuando no medito no sé en verdad dónde estoy. No se trata fundamentalmente de ser más feliz o mejor –lo que viene por añadidura–, sino de ser quien eres. Estás bien con lo que eres, eso es lo que se debe comprender. Ver que estás bien como estás, eso es despertar.

La dicha no es ausencia de desdicha, sino conciencia de la misma. En cuanto arrojamos luz sobre nuestra desdicha, esta pierde buena parte de su mordiente. La desdicha es poderosa y hace estragos si somos inconscientes de su causa y de sus ramificaciones. El dolor deja de ser tan doloroso cuando te acostumbras a él. No sé bien cómo he llegado a semejante hallazgo. Como tampoco sé cómo es que he logrado ser tan perseverante en mi práctica diaria de meditación, a la que soy tan fiel desde hace algo más de un quinquenio como lo soy a la práctica de la escritura desde hace, aproximadamente, un par de décadas.

Al principio me preocupaba mucho cuando, por algún motivo, dejaba de meditar algunos días. Con el tiempo me di cuenta de que siempre volvía al silencio, que había algo en él que me llamaba. En la meditación hay algo que, una vez que se ha apoderado de ti, es difícil de erradicar. También es difícil saber con precisión de qué se trata. Es como si hubiéramos nacido para estar sentados en silencio; o como si hubiéramos nacido para acompañar la propia respiración, o para repetir incesante y lentamente una jaculatoria, en la esperanza de llegar algún día a disolvernos en ella.

El silencio es una llamada, pero no una llamada personal –como decimos los cristianos que hemos sentido haber sido elegidos para una singular vocación–, sino una llamada puramente impersonal: el imperativo a entrar no se sabe dónde, la invitación a despojarse de todo lo que no sea sustancial, en la creencia de que desnudos nos encontraremos mejor a nosotros mismos. Algo o alguien dice dentro del hombre: enmudece, escucha… Uno nunca puede estar seguro de haber oído realmente esa voz, pero si de hecho enmudece y escucha con regularidad es que probablemente la ha oído. De no ser así, no encontraríamos las fuerzas para enmudecer y escuchar.

34

La promesa de la meditación es la más misteriosa de cuantas conozco, pues no es una promesa a nada en particular: ni a la gloria, ni al poder, ni al placer… Quizá sea una promesa a la unidad, o a una especie de costosa serenidad, o a la lucidez, o… ¡palabras!

El silencio crea cierta adicción. Tiene una primera fase, primerísima, de encantamiento. «¡Qué paz! ¡Qué bien se está!», nos decimos. O: «¡Por fin silencio!». Pero bastan pocos minutos, o en el mejor de los casos horas, para que esa agradable sensación se disipe y el silencio muestre su cara más árida: el desierto.

Aquello que uno tiene que recapitular o decirse puede ventilarse en la mayoría de los casos en un tiempo relativamente breve. Pero lo que menos importa de la experiencia del desierto es lo que nosotros creemos tener que decirnos; importa, por contrapartida, lo que el silencio quiere decirnos a nuestro pesar. Así como el espectador a quien disgusta un espectáculo puede abandonar su butaca y, sencillamente, marcharse, el verdadero hombre de meditación permanece en su puesto aun cuando la película que se proyecta en su interior no le agrade en absoluto. Sobre todo entonces debe permanecer.

Somos tan misteriosos que llega el momento en que hasta eso que nos disgusta llega a entretenernos y divertirnos. Sin quitar su carácter doloroso y frustrante, esa molesta película interior también puede considerarse divertida bajo cierto punto de vista. Resulta divertido comprobar cómo luchamos por convertirnos en nosotros mismos. ¿Divertido? Pues sí. Verse de verdad a uno mismo es realmente fascinante y divertido. Al fin y al cabo por eso vamos al cine o leemos novelas: para que nos cuenten cómo somos, para identificarnos con el protagonista.

O eres consciente de tus enfados, de tus nervios, de tus preocupaciones…, o los nervios, la preocupación o el enfado te dominarán. Es así de sencillo: si no piensas en ellos, ellos pensarán por ti y te llevarán donde no quieres. Pregúntate por qué estás enfadado, de dónde ha brotado tu preocupación, cómo es que has empezado a estar nervioso… Comprobarás que esa indagación resulta curiosísima y hasta divertida. Ser lo que uno es ha pasado a convertirse en el máximo desafío.

35

La práctica de la meditación a la que me estoy refiriendo puede seguramente resumirse en saber estar aquí y ahora. No otro lugar, no otro tiempo. Esto significa que se trata de una práctica de re-unificación, de re-unión. Queremos estar con nosotros: nuestra inconsciencia habitual lo rehuye, pero nuestra conciencia más honda lo sabe.

Cuesta mucho bajar a esas profundidades donde late esta sabiduría; la mayoría de las personas que conozco no frecuenta esta zona de su ser jamás. Hasta ignoran que exista algo así. También hay quien se mofa de quienes hablamos en estos términos. Estos últimos son, por lo general, ratas de biblioteca; solo han leído, no han vivido, piensan que el mundo cabe en una categoría mental.

La meditación en silencio y quietud es el camino más directo y radical hacia el propio interior (no recurre a la imaginación o a la música, por poner un par de ejemplos, como sucede en otras vías), y eso requiere un temple de soldado y una firme determinación. No es excepcional que quien se decida por una meditación tan dura y seca como aquella de la que estoy hablando haya pasado por otras muchas disciplinas espirituales de búsqueda interior; y tampoco es excepcional, según he podido constatar, que muchos salgan espantados tras las primeras sentadas. ¿Por qué? Porque se trata de algo muy físico y muy sobrio.

Es cierto que son muchos los intelectuales que, sin haberse sentado a meditar ni una sola vez, se han sentido atraídos por el silencio; pero tal fascinación, si no va acompañada por la práctica, sirve de muy poco. En la meditación silenciosa y en quietud no hay adornos ni florituras: basta una habitación que no esté demasiado caldeada ni demasiado fría; basta un banquito o un cojín para sentarse y una esterilla; acaso incienso muy suave, o incluso un pequeño altar con una vela encendida... Todo está al servicio del recogimiento, todo invita a la interiorización.

Para sentarse a meditar hace falta una extraordinaria humildad, es decir, un estar dispuesto a dejar los ideales y las ideas y a tocar la realidad. Meditar ayuda a no tomarse a sí mismo tan en serio (una escuela de sana auto-relativización) y exige mucha paciencia, constancia y determinación. Tanta más paciencia, constancia y determinación se adquirirán cuanto más nos sentemos a meditar. De ahí la importancia de encontrar un grupo con el que, regularmente, sentarse a meditar.

Aunque uno esté a solas y en silencio ante el misterio, es bueno saber que a tu lado hay otros –también silenciosos y solitarios– ante el mismo misterio. Quienes meditamos solemos ser pájaros solitarios. Habrá otros pájaros en la bandada, pero cada cual seguirá su propio ritmo. De hecho, entre los Amigos del Desierto, que es el nombre del grupo con el que me siento ocasionalmente a meditar, nos cuidamos mucho de evitar la comparación entre unos y otros, que es siempre lo que destruye cualquier agrupación humana. A mi modo de ver, estos amigos con quienes me reúno son más una congregación de solitarios que una comunidad. Pero una congregación que estimula la propia práctica, y no solo por la energía que los meditadores generan, sino porque, estimulado por el ejemplo ajeno, se tiende a ser más exigente con uno mismo. Tener un grupo de compañeros con quienes reunirse a meditar es un gran tesoro, y tener un maestro o acompañante ante quien exponer las propias dudas y temores es muy recomendable para avanzar en esta vía.

37

Puedes ostentar importantes cargos o ninguno, ser letrado o analfabeto, haber tenido miles de experiencias o muy pocas, venir de largos viajes o de un pueblo pequeño y desconocido…: nada de eso es una condición y mucho menos un impedimento para poder meditar. No importa cuál haya sido tu pasado. No cuenta el equipaje que lleves contigo, sino tú, solo tú, todo lo demás es indiferente o, incluso, puede llegar a estorbar.

El respeto que siento hacia quien considero mi maestro es máximo, y no solo por las luminosas palabras que siempre me ha brindado, sino por su increíble sentido del humor. Elmar Salmann, así se llama, se ríe de todo, pero fundamentalmente de sí mismo. Acostumbrados como estamos a encararnos con gente infinitamente preocupada por su imagen y reputación, resulta poco menos que inaudito encontrarnos ante alguien a quien resulta indiferente lo que pienses o dejes de pensar de él. Esto maravilla por su rareza, pero sobre todo por la soberanía que comporta. Atrae porque es a lo que todos estamos llamados: al olvido de sí.

Entre todas las cosas que se interponen entre nosotros y la realidad, entre todas esas cosas que nos impiden vivir porque actúan como filtros deformadores, la más dura de erradicar es lo que en el budismo zen se conoce como ego. Tanto Salmann, que además de monje benedictino es un auténtico sabio, como los tres maestros zen con quienes, en mayor o menor medida, he estado relacionado han presentado a su ego una batalla sin cuartel. Constatarlo, comprobar cómo lo han domeñado sin por ello perder su carácter, es aleccionador. Todos ellos se mueven con resolución y dicen sencillamente lo que tienen en el corazón y en la cabeza, sin que parezca que les preocupe la repercusión o impresión que puedan provocar. En sus palabras no hay más que las palabras que han proferido. No hay una intención ulterior. No hay que profundizar en lo que dicen, no hay que desentrañarlo o interpretarlo. Simplemente hay que tomarlo tal cual, si se desea; o dejarlo de lado si no son las palabras oportunas para ti en ese momento.

En todo esto que escribo a propósito de estos maestros, pero en particular de quien considero el mío, no hay ninguna mitificación. Siendo como es, sin estrategia de ninguna clase, Salmann pone a las claras que yo no soy aún quien verdaderamente soy, sino todavía alguien demasiado artificioso e innecesariamente complejo. Sin embargo, nunca he salido avergonzado de mí tras haber mantenido con él una conversación. Diría más bien que salgo rejuvenecido. Diría que el simple hecho de colocarse ante una persona auténtica rejuvenece.

Nuestros coloquios o entrevistas nunca han transcurrido en términos éticos o morales –como es bastante habitual en el catolicismo–, sino puramente fenoménicos, por así decir: constatamos hechos y, como máximo, él me brinda una posible hermenéutica de los mismos: algo así como pistas para trabajar o un horizonte al que tender. Salmann siempre me ha brindado amigos para el camino (autores y libros en cuya estela situarse para enganchar con sus intuiciones y beber de su manantial); un mapa, sencillo pero coherente con el que orientarme en ese territorio tan resbaladizo e inexplorado que es el alma; y, en fin, algo así como la apertura de un enorme panorama gracias al cual puede uno volver a respirar y a emocionarse ante la plenitud de lo que tiene delante. Cuando estoy caído, el maestro no me levanta, pero me muestra con elegancia que es mucho mejor estar de pie. Y me enseña a reírme de mis resistencias. En sus enseñanzas hay una perfecta combinación entre exigencia e indulgencia, entre humor y gravedad.

38

Cuando uno se busca a sí mismo adecuadamente, lo que acaba encontrando es el mundo. En verdad, yo no cambio jamás, o cambio muy poco, pero cambia el modo en que me enfrento conmigo mismo, y eso es capital. Como en el arte, como en la vida, el punto de vista no es en la meditación un mero matiz, sino la clave de bóveda o la piedra angular.

Para observarse bien a sí mismo, la mirada debe ser oblicua o lateral, nunca directa. Tendemos a escaparnos de nosotros mismos cuando nos miramos directamente. En oblicuo, en cambio, como queriendo engañar al yo al que miramos, ese yo sustancial permanece más tiempo y podemos reparar en él, siendo por fin conscientes de lo que observamos. Es así como he comprendido que lo que realmente buscamos es al buscador, y que en una meditación bien realizada todo se desvanece o esfuma menos precisamente aquel que observa. Eso, el observador, el testigo, es lo permanente.

Cuando se marchan los pensamientos y sentimientos, las imágenes e ideas, ¿qué es lo que queda? Queda lo que buscas, y es a eso a lo que conviene mirar oblicuamente. Esa mirada oblicua debe ser atenta, pero no fija. No consiste en mirar penetrantemente, intentando calar hondo o desentrañar quién sabe qué cosas, sino mirar amorosamente, sin pretensión, como quien espera una revelación sin ninguna prisa. En el zen se dice que un monje sin iluminación no vale nada; pero también que el camino es la meta. De forma que lo importante es esa espera que, como la gota de agua que cae sobre una roca, va perforándonos muy poco a poco.

39

Casi todos los frutos de la meditación se perciben fuera de la meditación. Algunos de estos frutos son, por ejemplo, una mayor aceptación de la vida tal cual es, una asunción más cabal de los propios límites y de los achaques o dolores que se arrastren, una mayor benevolencia hacia los semejantes, una más cuidada atención a las necesidades ajenas, un superior aprecio a los animales y a la naturaleza, una visión del mundo más global y menos analítica, una creciente apertura a lo diverso, humildad, confianza en uno mismo, serenidad… La lista podría alargarse.

En la práctica constante de la meditación se comprueba que si has roturado tu conciencia a conciencia y te has abonado bien, todo crecerá espléndidamente. Vivir es prepararse para la vida. Todo esfuerzo que se invierte en uno mismo da fruto tarde o temprano. Claro que los frutos suelen tardar en cosecharse, pero se cosechan, vaya que se cosechan: que se lo digan a los artistas que, tras largos años de formación, dan a luz, graciosamente, como si nada, una obra maestra. No ha sido graciosamente, no ha sido como si nada. El tronco tenía raíz, la fruta estaba madura.

La mirada al vacío que se practica durante la meditación silenciosa y en quietud tiende gradualmente a llevarse fuera del tiempo que se consagra a ella, de forma que se aprende a estar en el mundo en actitud receptiva, no posesiva, respetuosa, no violenta… También es una buena práctica observar todos estos cambios en el propio carácter o temperamento. Estas transformaciones temperamentales o de conducta pueden resumirse en una: la disolución del pequeño yo. Llamo ego o pequeño yo a esas identificaciones falsas a las que solemos sucumbir. Esos espejismos que nos hacen correr en pos de la nada van reduciéndose paulatinamente cuanto más se medita. Es obvio que ese pequeño yo se revuelve y se resiste; es obvio que nuestro falso yo tiende trampas al verdadero para que las cosas se queden como están; y es obvio, por último, que con frecuencia hay pasos hacia atrás. Porque el ego siempre reaparece, aunque transformado, pues nadie puede vivir sin él.

Una de las principales amenazas a todo este proceso de purificación interior radica en la creencia –sostenida en realidad por quienes no han meditado o lo han hecho muy poco– que toda esta preocupación por el yo no sirve para ayudar a los demás. A este respecto diré algo que he afirmado con frecuencia y que suele sorprender: la ideología del altruismo se ha colado en nuestras mentes occidentales, sea por la vía del cristianismo, sea por la del humanismo ateo. En el budismo zen, por el contrario, parece estar muy claro que el mejor modo para ayudar a los demás es siendo uno mismo, y que es difícil –por no decir imposible– saber qué es mejor para el otro, pues para ello habría que ser él, o ella, y estar en sus circunstancias. Dicho con mayor rotundidad: toda ayuda a cualquier tú es puramente voluntarista o superficial hasta que no se descubre que yo soy tú, que tú eres yo y que todos somos uno. Lo más acertado parece ser, en consecuencia, dejar que el otro sea lo que es. Creer que uno puede ayudar es casi siempre una presunción. En el zen se enseña a dejar a los demás en paz, porque poco de lo que les sucede es realmente asunto tuyo. Casi todos nuestros problemas comienzan por meternos donde no nos llaman.

41

Es evidente que para un occidental todo esto puede sonar muy cómodo y hasta irreal. Pero nada más lejos de la realidad: permanecer donde a uno le corresponde no es tarea fácil; ir solo a donde realmente se nos llama es más complicado de lo que parece a primera vista. Si somos sinceros, reconoceremos que pocas personas son las que nos han ayudado de verdad, si bien son muchas las que lo han intentado (o dicen haberlo intentado). En el zen no se intenta nada: se hace o no se hace, pero no se intenta. Y hay en el zen –como en el taoísmo en general– una singular preferencia por el no-hacer, convencido como está de que buena parte de las cosas en este mundo funcionaría mejor sin la intervención humana, que tiende a violentar su ritmo natural o a crear efectos secundarios de incalculables proporciones.

Lo gracioso –por no decir patético– es que el hombre está montado en la vida y pretende salir ileso de ella. Tal pretensión de chapotear en el barro sin embarrarse es, ciertamente, ilusoria. Y es que cuanto más intentamos evitar los embates de la vida, tanto más se empeña esta en que nos percatemos de lo que es o puede llegar a ser.

Puesto que estamos en la vida, ¡vivámosla! Eso parece lo más sensato. Si hemos de aprender a nadar, es mejor que nos lancemos al agua y que no pasemos demasiado tiempo pensándonoslo en la orilla. Este es exactamente nuestro problema en la vida: los titubeos, los miedos, las dudas sistemáticas, el temor a vivir. Siempre es más inteligente lanzarse a la aventura. La meditación desenmascara nuestros mecanismos de protección, los proyecta en tamaño gigante en la pantalla de nuestra conciencia, nos muestra todo lo que hemos perdido por culpa de esas salvaguardas fomentadas por las convenciones sociales y presiones de todo género.

42

Como cualquier otro método serio de análisis interior, la meditación silenciosa y en quietud subraya la falacia de atribuir al otro lo que solo a nosotros corresponde. En realidad, basta querer algo con la suficiente intensidad para conseguirlo. Suena a utopía, pero nada hay tan indestructible como un hombre convencido. Ningún obstáculo es infranqueable cuando hay verdadera fe. La meditación fortalece esa fe y, con mirada ardiente, derrite los obstáculos que encuentra en el camino como si fueran bloques de hielo incapaces de resistirse al fuego de una pasión.

Uno debe sentarse a meditar dispuesto a entregarlo todo, como un soldado que acude a la guerra completamente solo. Porque a la hora de la verdad, es así como estamos: solos. Al final de un camino siempre estamos solos y, a veces, también a la mitad de ese camino lo estamos. Raramente, en cambio, al principio. Ni la pareja ni la familia ni los amigos... Ni siquiera Dios parece acudir en nuestra ayuda en los momentos decisivos. Todos están muy ocupados en sus cosas, y nosotros debemos estarlo en las nuestras. No se trata de egoísmo o de indiferencia, sino de simple responsabilidad: hay que responder de lo propio. En el tribunal de nuestra conciencia, tenemos que dar cuenta de lo que hemos recibido. De lo que vamos a dejar en el mundo antes de morir y abandonarlo.

43

Yo, naturalmente, no sé bien qué es la vida, pero me he determinado a vivirla. De esa vida que se me ha dado, no quiero perderme nada: no solo me opongo a que se me prive de las grandes experiencias, sino también y sobre todo de las más pequeñas. Quiero aprender cuanto pueda, quiero probar el sabor de lo que se me ofrezca. No estoy dispuesto a cortarme las alas ni a que nadie me las corte. Tengo más de cuarenta años y sigo pensando en volar por cuantos cielos se me presenten, surcar cuantos mares tenga ocasión de conocer y procrear en todos los nidos que quieran acogerme. Deseo tener hijos, plantar árboles, escribir libros. Deseo escalar las montañas y bucear en los océanos. Oler las flores, amar a las mujeres, jugar con los niños, acariciar a los animales. Estoy dispuesto a que la lluvia me moje y a que la brisa me acaricie, a tener frío en invierno y calor en verano. He aprendido que es bueno dar la mano a los ancianos, mirar a los ojos de los moribundos, escuchar música y leer historias. Apuesto por conversar con mis semejantes, por recitar oraciones, por celebrar rituales. Me levantaré por la mañana y me acostaré por la noche, me pondré bajo los rayos del sol, admiraré las estrellas, miraré la luna y me dejaré mirar por ella. Quiero construir casas y partir hacia tierras extranjeras, hablar lenguas, atravesar desiertos, recorrer senderos, oler las flores y morder la fruta. Hacer amigos. Enterrar a los muertos. Acunar a los recién nacidos. Quisiera conocer a cuantos maestros puedan enseñarme y ser maestro yo mismo. Trabajar en escuelas y hospitales, en universidades, en talleres... Y perderme en los bosques, y correr por las playas, y mirar el horizonte desde los acantilados. En la meditación escucho que no debo privarme de nada, puesto que todo es bueno. La vida es un viaje espléndido, y para vivirla solo hay una cosa que debe evitarse: el miedo.

De todos los dilemas que conozco, el mejor de ellos es la vida misma. ¿Quién puede resolverlo? La vida es todo menos segura, pese a nuestros absurdos intentos para que lo sea. O se vive o se muere, pero quien decida lo primero debe aceptar el riesgo. Estamos a la mesa, ante el tablero, todo se ha conjurado para que cojamos el cubilete, lo agitemos y echemos los dados. Me entristece pensar que hay muchos que tienen ese cubilete entre sus manos y que hasta llegan a agitarlo, pero sin permitir que esos dados, juguetones y ruidosos, salgan disparados y rueden sobre el tablero. Y me entristece que haya muchos que pasen la vida con la mirada puesta en ese tablero pero sin decidirse a jugar jamás, muchos que dudan sobre si deberían o no sentarse a la mesa del banquete, dispuesta para ellos; muchos que van al río y no se bañan, o a la montaña y no la suben, o a la vida y no la viven, o a los hombres y no les aman. Tengo la impresión de que la meditación se ha inventado solo para erradicar el miedo. O al menos para encararlo y aceptarlo, para ponerle los cotos precisos de forma que no pueda derivar en pánico.

Se puede vivir sin pelear contra la vida. ¿Por qué ir en contra de la vida si se puede ir a su favor? ¿Por qué plantear la vida como un acto de combate en lugar de como un acto de amor? Basta un año de meditación perseverante, o incluso medio, para percatarse de que se puede vivir de otra forma. La meditación agrieta la estructura de nuestra personalidad hasta que, de tanto meditar, la grieta se ensancha y la vieja personalidad se rompe y, como una flor, comienza a nacer una nueva. Meditar es asistir a este fascinante y tremendo proceso de muerte y renacimiento.

44

Por supuesto que es posible vivir sin nacer dos veces, pero no compensa. Es mejor renacer, y no ya dos veces, sino muchas: todas las que seamos capaces. ¿Cuántas vidas caben en una? Esto es importante porque la magia de los inicios no la tienen los desarrollos. Hay algo único en toda génesis: una fuerza, un impulso… Lo más decisivo de cualquier actividad –también de una sentada de meditación– es el comienzo: la disposición inicial, la energía que se imprime, el aliento o entusiasmo primeros… Siempre que sufrimos algún embate serio en la vida, estamos llamados a renacer de nuestras cenizas, a reinventarnos.

Imagínate por un momento lo que más deseas e imagínate también que no lo consigues. Pues bien, puedes ser feliz sin conseguirlo: eso es lo que da la meditación. La frustración puede elaborarse creativamente, sin resignación. Todos podemos desear cosas, pero a sabiendas de que nuestra realización humana no depende de la consecución de las mismas. En realidad, voy comprendiendo que siempre sucede lo que tiene que suceder. Lo que sucede es siempre lo mejor de lo que podría haber sucedido. El devenir es mucho más sabio que nuestras ideas o planes. Pensar lo contrario es un error de perspectiva y la causa última de nuestro sufrimiento y de nuestra infelicidad. Solo sufrimos porque pensamos que las cosas deberían ser de otra manera. En cuanto abandonamos esta pretensión, dejamos de sufrir. En cuanto dejamos de imponer nuestros esquemas a la realidad, la realidad deja de presentarse adversa o propensa y comienza a manifestarse tal cual es, sin ese patrón valorativo que nos impide acceder a ella misma. El camino de la meditación es por ello el del desapego, el de la ruptura de los esquemas mentales o prejuicios: es un irse desnudando hasta que se termina por comprobar que se está mucho mejor desnudo.

Estamos tan lamentablemente apegados a nuestros puntos de vista que si pudiéramos vernos con cierta objetividad sentiríamos vergüenza y hasta compasión por nosotros mismos. El mundo tiene graves problemas por resolver y el ser humano está, por lo general, embebido en problemas minúsculos que ponen de manifiesto su cortedad de miras y su incorregible mezquindad. El principal fruto de la meditación es que nos hace magnánimos, es decir, nos ensancha el alma: pronto empiezan a caber en ella más colores, más personas, más formas y figuras...

En realidad, tanto más noble es un ser humano cuanto mayor sea su capacidad de hospedaje o acogida. Cuanto más vacíos estemos de nosotros mismos, más cabrá dentro de nosotros. El vacío de sí, el olvido de sí, está en proporción directa con el amor a los demás. Cristo y Buda son, en este sentido, los modelos más insignes que conozco.

45

El apego es completamente independiente de aquello a lo que se está apegado. Podemos sentir apego hacia nuestra madre, pero también hacia un simple cuaderno (¡y este segundo apego puede ser incluso más visceral que el primero!). El apego tiene que ver con el aparato ideológico que rodea a lo que tenemos y, sobre todo, a nuestra manera de tener o no tener. La meditación es una manera para purgar el apego; de ahí que no sea agradable en primera instancia. Solo atravesada esa vía purgativa es también la meditación una vía iluminativa; pero el camino merece la pena recorrerlo aun cuando no se llegue a una gran iluminación. La simple purgación –y no es simple– compensa.

En el fondo da igual si se avanza mucho o poco, lo importante es avanzar siempre, perseverar, dar un paso cada día. La satisfacción no se obtiene en la meta, sino en el camino mismo. El hombre es un peregrino, un *homo viator*.

En la meditación he aprendido –estoy aprendiendo– que nada es más fuerte que yo si no me apego a ello. Por supuesto que las cosas me tocan, los virus me infectan, las corrientes me arrastran o las tentaciones me tientan; por supuesto que tengo hambre si no como, sed si no bebo, sueño si no duermo; por supuesto que soy sensible a la caricia de una mujer, a la mano extendida de un mendigo, al lamento de un enfermo o al grito de un bebé. Pero una vez tocado o infectado, tentado o arrastrado, una vez enamorado o afligido soy yo quien decide –como señor– cómo vivir esa caricia o esa bofetada, ese grito o ese gemido, cómo reaccionar a esa corriente o responder a ese reclamo. Mientras pueda decir «yo», soy el señor; soy también criatura, desde luego, pero tengo una conciencia que, sin dejar mi condición de criatura, me eleva a un rango superior.

46

Ningún hombre se perderá irremediablemente si frecuenta su conciencia y viaja por su territorio interior. Dentro de nosotros hay un reducto en el que podemos sentirnos seguros: una ermita, un escondite en el que cobijarnos porque ha sido preparado con este fin. Cuanto más se entra ahí, más se descubre lo espacioso que es y lo bien equipado que está. Ahí, en verdad, no falta de nada. Es un sitio en el que muy bien se puede morar.

Al principio, por su oscuridad, para guiarse por ese refugio se precisa de una linterna; pero luego nuestros ojos se van acostumbrando a las tinieblas y, al cabo, ni siquiera se comprende cómo, para estar ahí, pudimos un día necesitar de la luz artificial. ¡Está todo tan claro! ¡Todo resulta tan luminoso!

En el país de la propia conciencia hay muchas moradas. Es como un castillo con muros, torreones y puentes levadizos. Es como una isla o, mejor, como un archipiélago. Ahí eres dueño y señor como no imaginabas que podías llegar a serlo de ningún reino. Das una orden y te obedecen; tus deseos se cumplen antes de que los hayas formulado. Es un lugar lleno y vacío a la vez. En él estás solo, pero no te sientes solo. Ese territorio es un mundo, tu mundo, el espejo de otro mundo, el mundo mismo pero concentrado, dilatado, expandido: tu hogar.

Esa casa tan grande y hermosa es lo que somos. Yo soy eso, tú eres eso; lo sepamos o no, somos los señores de todo un reino. La extensión de nuestros dominios es formidable y triste la inconsciencia con que lo regentamos.

La meditación fortalece la necesaria desconfianza en el mundo externo y la imprescindible confianza en nuestro verdadero mundo, que solemos desconocer. Si meditamos, nuestras facciones se suavizan y nuestra expresión se transfigura. Seguimos aquí, en esta tierra, pero es como si ya ni perteneciéramos a ella. Habitamos en otro país, poco frecuentado, y atravesamos los campos de batalla sin ser heridos. No es que las flechas no se nos claven o las balas no se hundan en nuestras carnes; pero ni nos derrumban esas balas ni esas flechas hacen que brote la sangre. Salimos de esos campos de batalla acribillados, pero vivos: caminando y sonriendo porque no hemos sucumbido y nos hemos demostrado nuestra eternidad. Meditamos para ser más fuertes que la muerte.

Nadie sabe muy bien cómo es la conciencia de los seres humanos, porque nadie ha recorrido todos sus dominios. Algunos han llegado muy lejos en sus exploraciones; muchos se han quedado a las puertas; la mayoría desconoce que exista un territorio así. Como un microcosmos, todo lo de fuera está también ahí: el universo, las galaxias, los árboles, los manantiales... Todo sin excepción tiene ahí su puesto: los ríos y las montañas, los senderos y los precipicios, los juegos de la infancia, las máquinas... En ese espacio puedes perderte sin angustia. Das un paso y estás lejos, mil y sigues cerca. Es el jardín del estupor y de la maravilla.

47

Dentro de nosotros hay un testigo. Le demos o no juego, ese testigo está siempre ahí. Meditar es darle entrada, reanimarle. Si le miramos, nos mira. Convivir con el testigo interior es mucho más inteligente que ignorarle. Es en este sentido en el que cabe decir que buscamos al buscador. Hay un yo (auténtico) que mira al otro yo (el falso). Vivir adecuadamente, meditar, supone permanecer en esa mirada sin pretensiones. Quien medita tarde o temprano se encuentra con ese testigo: al principio se difumina y aparece borroso, pero poco a poco sus contornos van siendo más nítidos, sin que nunca llegue el momento en que lo hayamos atrapado y podamos domesticarlo. A ese testigo hay que convocarlo en la meditación, pero sobre todo hay que esperarlo. Aparecerá entre las brumas a veces, luego volverá a esconderse.

Más tarde, bastante más tarde, durante la meditación irá apareciendo lo que podríamos llamar el testigo del testigo. Es ahí, en ese testigo del testigo, donde hay que permanecer el máximo tiempo posible. Alguien –que soy yo– me mira (al yo aparente), y alguien –quizá Dios– mira al yo que mira. A ese testigo del testigo solo se accede en la meditación muy profunda y no hay palabras para describirlo. En cuanto ponemos palabras, él, ella o ello deja de estar ahí.

Pese a lo desconocido que es, del territorio interior sí puede decirse que es magnético: por poco que sea lo que sepamos de él, lo cierto es que nos llama y nos atrae irremisiblemente. A mi modo de ver y sentir, es la llamada de la patria, la llamada de la identidad. «Soy tu tierra», nos dice ese territorio interior. «Ven.» Emprendemos entonces el camino hacia esa meta: un camino tortuoso, lleno de pie-dras y maleza. Desbrozamos el terreno, cada vez más transitable, hasta que de pronto, cuando nos la prometíamos felices, la meta desaparece, el camino se desdibuja y volvemos a estar, desolados, en tierra extranjera.

La tierra prometida eres tú, eso es lo que se aprende en la meditación. No puedes desesperar, puesto que el tesoro está en ti y lo llevas siempre contigo; en cualquier momento puedes refugiarte en él si lo deseas. Tienes una fortaleza en tu cora-zón, y es inexpugnable.

Desde esta perspectiva, vivir es transformarse en lo que uno es. Cuanto más entras en el territorio interior, más desnudo estás. Primero te quitas las cosas, luego dejas atrás a las personas; primero te desprendes de la ropa, luego de la piel; poco a poco te vas arrancando los huesos, de forma que tu esque-leto –valga la metáfora– es cada vez más esencial. Cuando te lo has quitado todo, dejas al fin tu calave-ra atrás. Cuando ya no tienes ni eres nada, estás por fin en libertad. Eres el territorio interior mismo: no solo estás en tu patria, eres tu patria.

Este recorrido puede hacerse en vida: los gran-des místicos lo han hecho, lo están haciendo. Se han vaciado tanto de sí mismos que son casi transparentes. «Debes vaciarte de todo lo que no eres tú», esa es la invitación que se escucha permanentemente cuando se medita. Solo en lo que está vacío y es puro puede entrar Dios. Por eso entró Jesucristo en el seno de la Virgen María. Estamos llamados, o así es al menos como yo lo veo, a esta fecunda virginidad espiritual.

48

La pregunta por la virginidad espiritual, por la pureza del corazón o por la inocencia primordial, es la que verdaderamente cuenta; todas las demás son preguntas falsas, falsos problemas.

Vivimos vidas que no son las nuestras; respondemos a interrogantes que nadie nos ha formulado; nos quejamos de enfermedades que no padecemos; aspiramos a ideales ajenos y soñamos los sueños de otros. No hay exageración, es así: casi todos nuestros proyectos de felicidad son quiméricos. Las ideas que decimos acariciar no son nuestras; nuestras aspiraciones son las de nuestros padres, y hasta nos enamoramos de personas que en verdad no nos gustan. ¿Qué nos ha pasado para sucumbir a semejante impostura? Persigo algo que en el fondo no deseo. Lucho por algo que me es indiferente. Tengo una casa intercambiable con la de mi vecino. Hago un viaje y no veo nada. Me voy de vacaciones y no descanso. Leo un libro y no me entero. Escucho una frase y soy incapaz de repetirla. ¿Cómo es posible que no me conmueva ante un necesitado, que no responda cuando me preguntan, que siempre mire hacia otra parte y que no esté donde de hecho estoy?

Ante esta absurda situación, yo voy a pararme, voy a pensar, a respirar y a nacer, si es posible, por segunda vez. No estoy dispuesto a no bailar si suena la flauta, o a no comer si me ofrecen un manjar, o a almacenar para mañana cuando hay quien no tiene para hoy. Tampoco estoy dispuesto a creerme el ombligo del mundo, ni a suponer que lo mío es lo mejor, ni a martirizarme con problemas diminutos o dolores imaginarios. Resulta lamentable haber llegado a este punto de inconsciencia, de idiotez, a este punto de insensibilidad, a este extremo de avaricia, de soberbia, de pereza… El mundo no es un pastel que yo me tenga que comer. El otro no es un objeto que yo puedo utilizar. La Tierra no es un planeta preparado para que yo lo explote. Yo no soy un monstruo depredador. Por eso he decidido ponerme en pie y abrir los ojos. He decidido comer y beber con moderación, dormir lo necesario, escribir únicamente lo que contribuya a hacer mejores a quienes me lean, abstenerme de la codicia y no compararme jamás con mis semejantes. También he decidido regar mis plantas y cuidar de un animal. Visitaré a los enfermos, conversaré con los solitarios y no dejaré que pase mucho tiempo sin jugar con algún niño. De igual modo he decidido recitar mis oraciones todos los días, postrarme varias veces ante lo que considero sagrado, celebrar la eucaristía: escuchar la Palabra, partir el pan y repartir el vino, dar la paz. Cantar al unísono. Y pasear, que para mí es fundamental. Y encender la chimenea, lo que también es fundamental. Y hacer la compra sin prisa; saludar a los vecinos, aunque no me guste su cara; llevar un diario; llamar regularmente por teléfono a mis amigos y hermanos. Y hacer excursiones, y bañarme en el mar al menos una vez al año, y leer solo buenos libros, o releer los que me han gustado.

La meditación –¿o debería decir simplemente la madurez?– me ha enseñado a apreciar lo ordinario, lo elemental. Viviré por ello desde la ética de la atención y del cuidado. Y llegaré así a una feliz ancianidad, desde donde contemplaré, humilde y orgulloso a un tiempo, el pequeño y gran huerto que he cultivado. La vida como culto, cultura y cultivo.

49

Estas son mis decisiones, pero mientras procuro llevarlas a la vida me está costando mucho aceptar que no voy a conseguir ni una de ellas simplemente con que me siente a meditar. Que meditando no voy a conseguir nada en absoluto. Porque meditar es infinitamente más estéril (aunque también infinitamente más fecundo) que todo lo que uno pueda imaginar. Lo que he escrito en estas páginas es un pálido reflejo de mi experiencia; mis palabras se quedan mucho más acá o mucho más allá… Hablar o escribir sobre la meditación silenciosa es, en verdad, una contradicción, una paradoja. Por eso mismo, a nadie servirá de mucho nada de todo esto. Más aún: lo más aconsejable sería dejar ya de leer y ponerse a meditar. Porque cualquier meditación, aun la más corta, aun la más dispersa, es buena para nuestra alma. Sentarse a meditar en silencio es casi siempre lo mejor que se puede hacer.

En mi caso, empecé a hacer meditación porque me daba cuenta de que vivía con un deseo tan imperioso que me quitaba la paz: el de triunfar como escritor. Ya entonces, hace no tantos años, me daba perfecta cuenta de que ese deseo podía cumplirse o no; pero tampoco se me ocultaba que –por grande que fuera mi triunfo– yo siempre lo consideraría insuficiente y que, en consecuencia, mi felicidad no debía cifrarse en una expectativa tan poco fiable. Acosado por la sed de reconocimiento y, todavía más, de posteridad, mi maestro interior me advertía de que aquella era una carrera sin meta. A medida que fui haciendo meditación, la motivación inicial se fue difuminando y aparecieron otras nuevas: ser mejor, vivir más intensamente, disfrutar más de la naturaleza, sentirme uno con los demás… Sería falso afirmar que mi afán de gloria literaria haya desaparecido por completo, e ingenuo pensar que esa búsqueda –tantas veces un motor– pueda apagarse del todo; pero ya no me desvivo tanto por esta causa ni hago depender mi bienestar de su consecución. Tengo el presentimiento –casi la convicción– de que en las letras, como en todo lo demás, triunfaré en la medida correspondiente a mis méritos. No se me pregunte por qué.

Todo esto significa que he perdido el utilitarismo con que comencé a meditar. Cada vez me centro más en la práctica misma, y menos en los supuestos aledaños con que suele adornarse para que no parezca tan seca. Porque la sobriedad tiene su encanto –eso nadie va a negarlo–, pero cuesta mucho encontrarlo. Aburre caminar por una estepa, es mucho más entretenido hacerlo por un bosque o entre montañas.

Mi meta no es hoy ser importante, ni siquiera ser alguien. Una aspiración de este género carece de sentido: ya soy alguien, ya soy importante... Cuando haga meditación porque sí, sin más, empezaré a hacer la verdadera meditación. Mientras tanto estaré acercándome y alejándome, flirteando con las cosas, bañándome y guardando la ropa. Para superar todo esto solo me hace falta un poco más de silencio, un poco más de meditación. Si he escrito estas páginas es precisamente para aumentar mi fe en el silencio, por lo que lo más sensato es que deje ya las palabras y me lance, confiado, a ese océano oscuro y luminoso que es el silencio.

Diciembre de 2010

Guía para la
Biografía del silencio

1. Espíritu de principiante; **2.** Revolver el lodo; **3.** Las olas de las distracciones; **4.** Resistencias y perseverancia; **5.** Demasiadas búsquedas; **6.** El arte de la espera; **7.** El asombro de estar presente; **8.** La felicidad es percepción; **9.** Todo cambia; **10.** Yo soy el universo; **11.** Rutina y creatividad; **12.** La conciencia es la unidad consigo mismo; **13.** Matar los sueños; **14.** Me gusta o no me gusta; **15.** Calidad de las sentadas; **16.** Vislumbres de lo Real; **17.** Postraciones rituales y existenciales; **18.** Pensar menos; **19.** La sonrisa del maestro interior; **20.** La propia porción de dolor; **21.** El iceberg es solo agua; **22.** La puerta sin puerta; **23.** Falsos problemas; **24.** Oportunidades del destino; **25.** El silencio en quietud; **26.** El poder del ahora; **27.** Enamorados del drama; **28.** Observar la mente es el camino; **29.** Responsables de nuestro estar bien o mal; **30.** El escenario vacío; **31.** La única

BIBLIOTECA
DE ENSAYO

Andrés Barba
Caminar en un mundo de espejos

Ignacio Gómez de Liaño
Contra el fin de siglo

Carmen Sánchez
La invención del cuerpo

David Le Breton
Elogio del caminar
Traducción de Hugo Castignani

Miguel Catalán
La sombra del Supremo

George Steiner
Fragmentos
Traducción de Laura Emilio Pacheco

Roger Caillois
Piedras
Traducción de Daniel Gutiérrez Martínez

Alessandro Baricco
El alma de Hegel y las vacas de Wisconsin
Traducción de Romana Baena Bradaschia

David Herbert Lawrence
El amor es la felicidad del mundo
Traducción de Carlos Jiménez Arribas

Luciano Canfora
Libro y libertad
Traducción deJuan Manuel Salmerón Arjona